Livre de comptes

Too many people spend
money they earned to buy
things they don't want
to impress people that
they don't like.

WILL ROGERS

RELEVÉ
SEMAINE

| SEMAINE | | | | | | | | | |

JOUR DE SEMAINE/DATE

AUSGABEN	€	€	€	€	€	€	€	TOTAL
TRANSPORT FRAIS DE DÉPLACEMENT								
Frais de carburant								
Alimentation								
Nourriture et boissons								
AUTRE								
Matériel pédagogique								
Hobbys, Sport								
Sorties (cinéma, etc...)								
TOTAL								

SEMAINE							

JOUR DE SEMAINE/DATE

AUSGABEN	€	€	€	€	€	€	€	TOTAL
TRANSPORT FRAIS DE DÉPLACEMENT								
Frais de carburant								
Alimentation								
Nourriture et boissons								
AUTRE								
Matériel pédagogique								
Hobbys, Sport								
Sorties (cinéma, etc...)								
TOTAL								

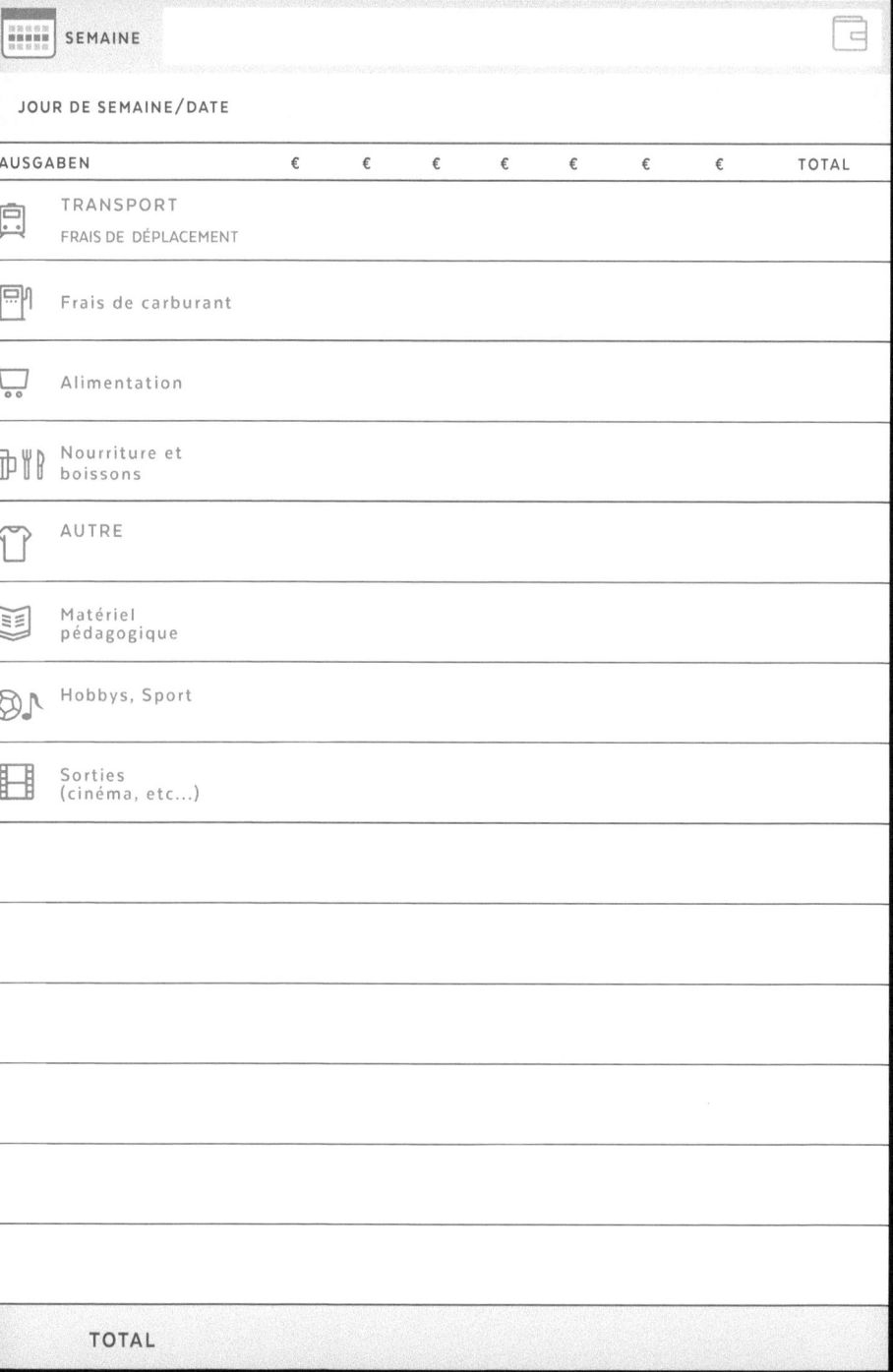

☷ SEMAINE									🗔

JOUR DE SEMAINE/DATE

AUSGABEN	€	€	€	€	€	€	€	TOTAL
🚆 **TRANSPORT** FRAIS DE DÉPLACEMENT								
⛽ Frais de carburant								
🛒 Alimentation								
🍺🍴 Nourriture et boissons								
👕 AUTRE								
📖 Matériel pédagogique								
⚽🎵 Hobbys, Sport								
🎞 Sorties (cinéma, etc...)								
TOTAL								

JOUR DE SEMAINE/DATE

AUSGABEN	€	€	€	€	€	€	€	TOTAL
TRANSPORT FRAIS DE DÉPLACEMENT								
Frais de carburant								
Alimentation								
Nourriture et boissons								
AUTRE								
Matériel pédagogique								
Hobbys, Sport								
Sorties (cinéma, etc...)								
TOTAL								

JOUR DE SEMAINE/DATE

AUSGABEN	€	€	€	€	€	€	€	TOTAL
TRANSPORT FRAIS DE DÉPLACEMENT								
Frais de carburant								
Alimentation								
Nourriture et boissons								
AUTRE								
Matériel pédagogique								
Hobbys, Sport								
Sorties (cinéma, etc...)								
TOTAL								

SEMAINE								
JOUR DE SEMAINE/DATE								
AUSGABEN	€	€	€	€	€	€	€	TOTAL
TRANSPORT FRAIS DE DÉPLACEMENT								
Frais de carburant								
Alimentation								
Nourriture et boissons								
AUTRE								
Matériel pédagogique								
Hobbys, Sport								
Sorties (cinéma, etc...)								
TOTAL								

SEMAINE								

JOUR DE SEMAINE/DATE

AUSGABEN	€	€	€	€	€	€	€	TOTAL
TRANSPORT FRAIS DE DÉPLACEMENT								
Frais de carburant								
Alimentation								
Nourriture et boissons								
AUTRE								
Matériel pédagogique								
Hobbys, Sport								
Sorties (cinéma, etc...)								
TOTAL								

JOUR DE SEMAINE/DATE

AUSGABEN	€	€	€	€	€	€	€	TOTAL
TRANSPORT FRAIS DE DÉPLACEMENT								
Frais de carburant								
Alimentation								
Nourriture et boissons								
AUTRE								
Matériel pédagogique								
Hobbys, Sport								
Sorties (cinéma, etc...)								
TOTAL								

SEMAINE									

JOUR DE SEMAINE/DATE

AUSGABEN	€	€	€	€	€	€	€	TOTAL
 **TRANSPORT** FRAIS DE DÉPLACEMENT								
Frais de carburant								
Alimentation								
Nourriture et boissons								
AUTRE								
Matériel pédagogique								
Hobbys, Sport								
Sorties (cinéma, etc...)								
TOTAL								

JOUR DE SEMAINE/DATE								
AUSGABEN	€	€	€	€	€	€	€	TOTAL
TRANSPORT FRAIS DE DÉPLACEMENT								
Frais de carburant								
Alimentation								
Nourriture et boissons								
AUTRE								
Matériel pédagogique								
Hobbys, Sport								
Sorties (cinéma, etc...)								
TOTAL								

SEMAINE									

JOUR DE SEMAINE/DATE

AUSGABEN	€	€	€	€	€	€	€	TOTAL
TRANSPORT FRAIS DE DÉPLACEMENT								
Frais de carburant								
Alimentation								
Nourriture et boissons								
AUTRE								
Matériel pédagogique								
Hobbys, Sport								
Sorties (cinéma, etc...)								
TOTAL								

JOUR DE SEMAINE/DATE

AUSGABEN	€	€	€	€	€	€	€	TOTAL
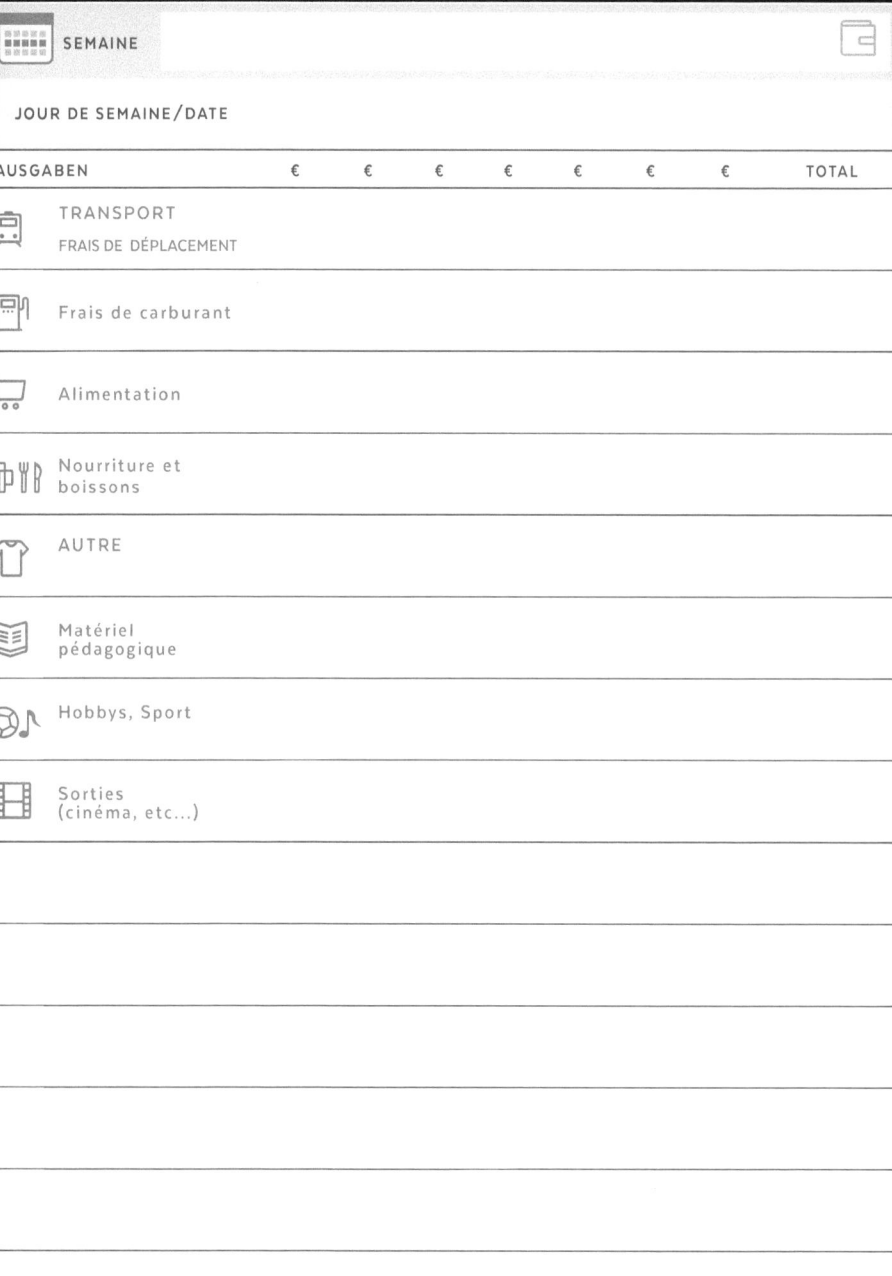 TRANSPORT FRAIS DE DÉPLACEMENT								
Frais de carburant								
Alimentation								
Nourriture et boissons								
AUTRE								
Matériel pédagogique								
Hobbys, Sport								
Sorties (cinéma, etc...)								
TOTAL								

AUSGABEN	€	€	€	€	€	€	€	TOTAL
SEMAINE								
JOUR DE SEMAINE/DATE								
TRANSPORT FRAIS DE DÉPLACEMENT								
Frais de carburant								
Alimentation								
Nourriture et boissons								
AUTRE								
Matériel pédagogique								
Hobbys, Sport								
Sorties (cinéma, etc...)								
TOTAL								

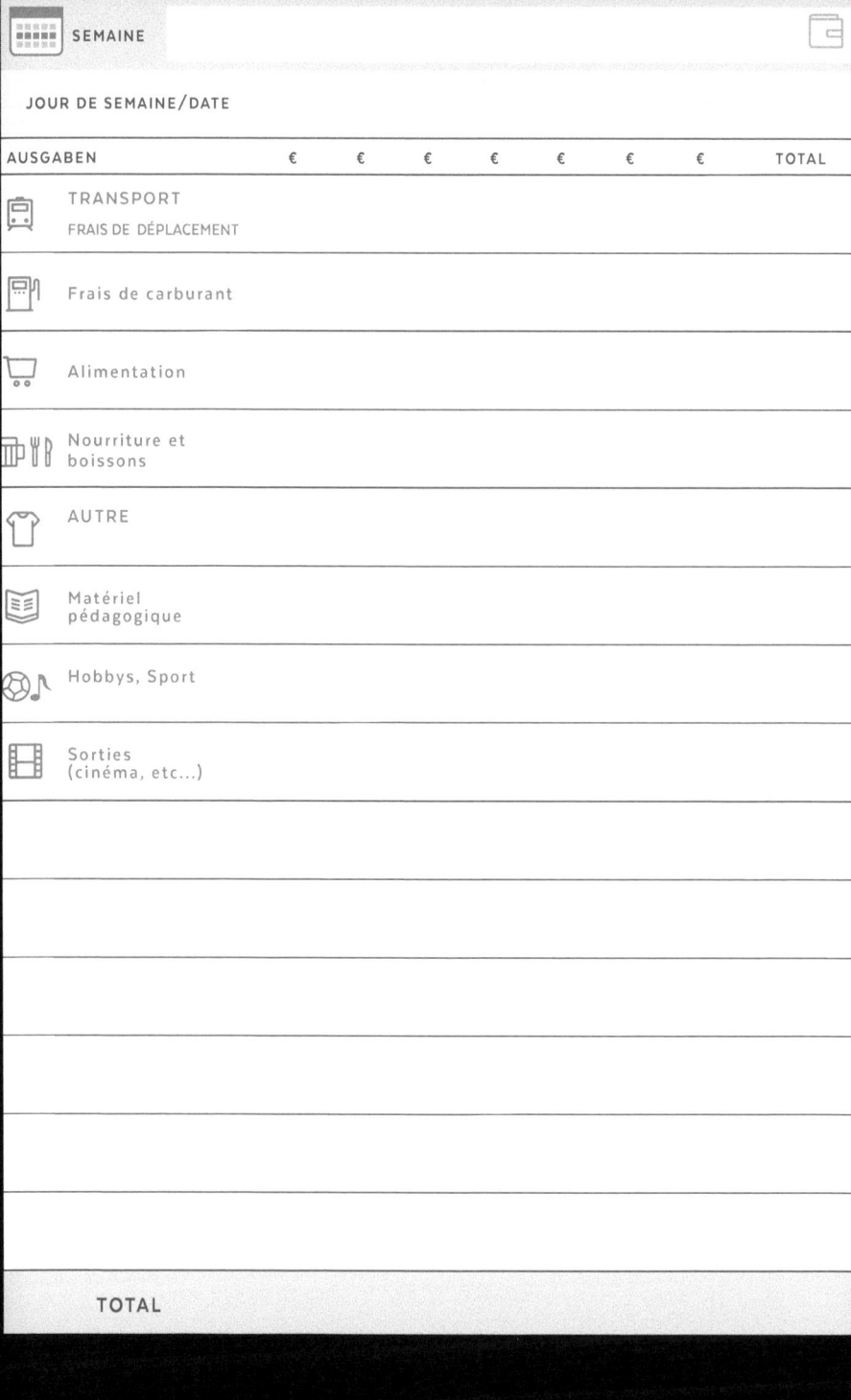

SEMAINE								
JOUR DE SEMAINE/DATE								
AUSGABEN	€	€	€	€	€	€	€	TOTAL
TRANSPORT FRAIS DE DÉPLACEMENT								
Frais de carburant								
Alimentation								
Nourriture et boissons								
AUTRE								
Matériel pédagogique								
Hobbys, Sport								
Sorties (cinéma, etc...)								
TOTAL								

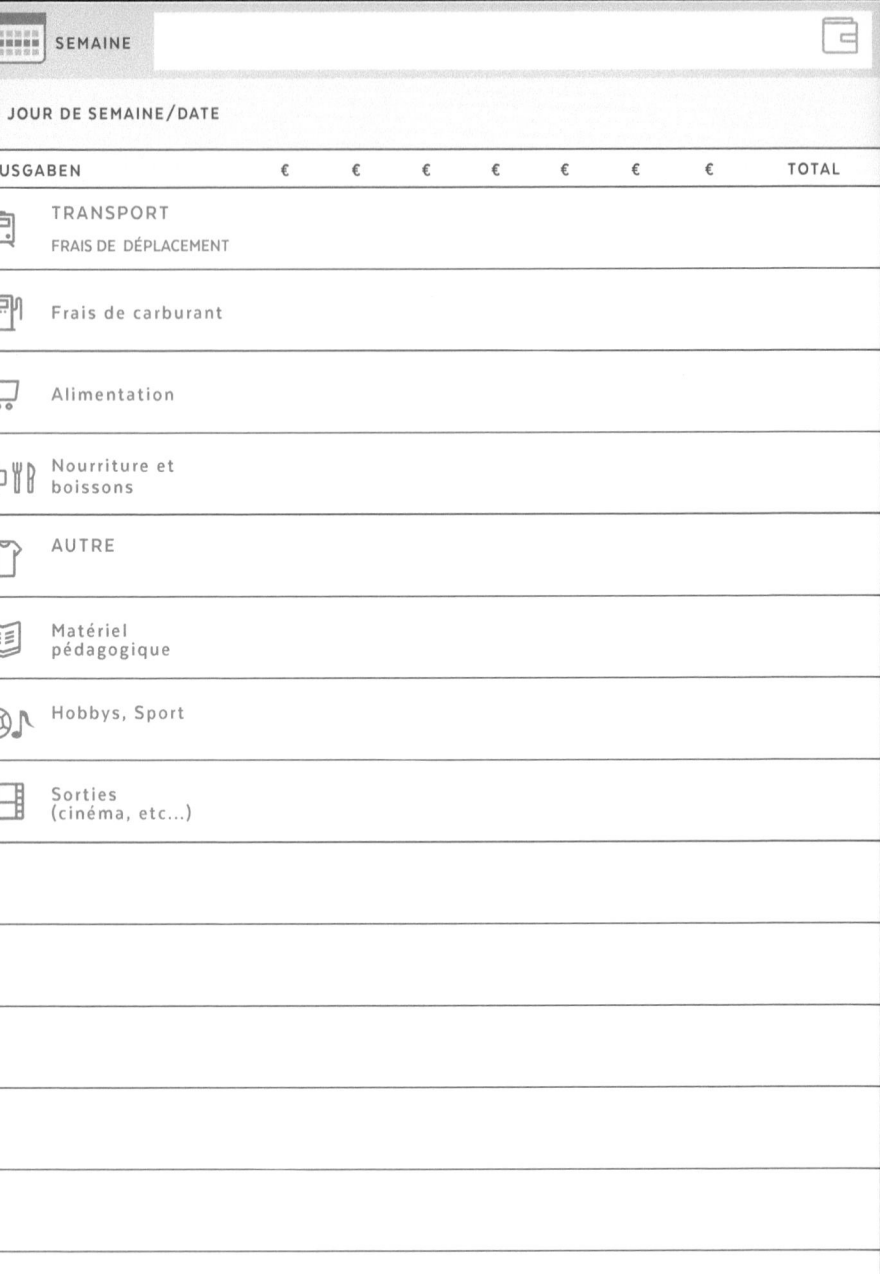

SEMAINE									
JOUR DE SEMAINE/DATE									
AUSGABEN	€	€	€	€	€	€	€	TOTAL	
TRANSPORT FRAIS DE DÉPLACEMENT									
Frais de carburant									
Alimentation									
Nourriture et boissons									
AUTRE									
Matériel pédagogique									
Hobbys, Sport									
Sorties (cinéma, etc...)									
TOTAL									

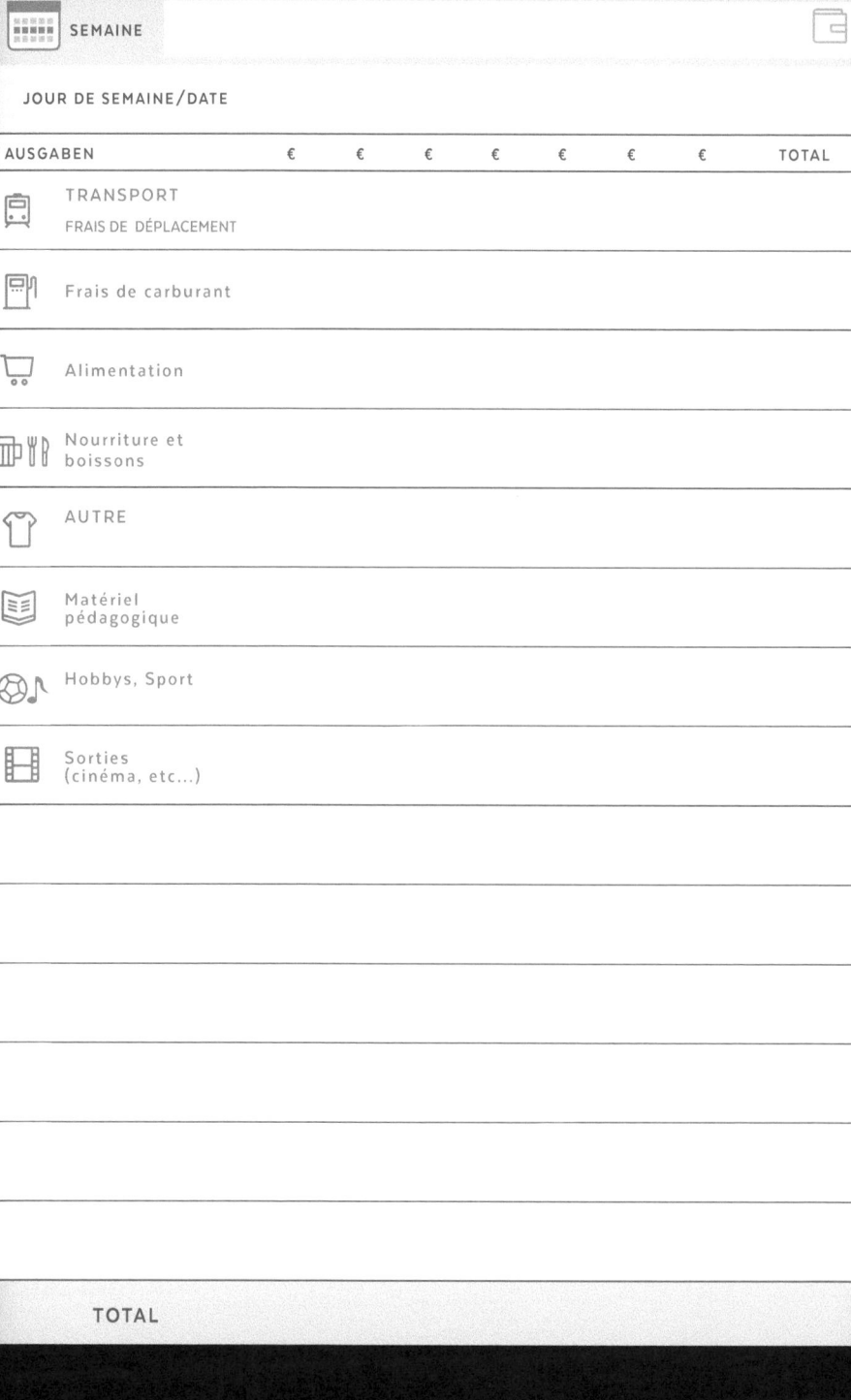

SEMAINE								
JOUR DE SEMAINE/DATE								
AUSGABEN	€	€	€	€	€	€	€	TOTAL
TRANSPORT FRAIS DE DÉPLACEMENT								
Frais de carburant								
Alimentation								
Nourriture et boissons								
AUTRE								
Matériel pédagogique								
Hobbys, Sport								
Sorties (cinéma, etc...)								
TOTAL								

SEMAINE								

JOUR DE SEMAINE/DATE

AUSGABEN	€	€	€	€	€	€	€	TOTAL
TRANSPORT FRAIS DE DÉPLACEMENT								
Frais de carburant								
Alimentation								
Nourriture et boissons								
AUTRE								
Matériel pédagogique								
Hobbys, Sport								
Sorties (cinéma, etc...)								
TOTAL								

SEMAINE								
JOUR DE SEMAINE/DATE								
AUSGABEN	€	€	€	€	€	€	€	**TOTAL**
TRANSPORT FRAIS DE DÉPLACEMENT								
Frais de carburant								
Alimentation								
Nourriture et boissons								
AUTRE								
Matériel pédagogique								
Hobbys, Sport								
Sorties (cinéma, etc...)								
TOTAL								

JOUR DE SEMAINE/DATE

AUSGABEN	€	€	€	€	€	€	€	TOTAL
TRANSPORT FRAIS DE DÉPLACEMENT								
Frais de carburant								
Alimentation								
Nourriture et boissons								
AUTRE								
Matériel pédagogique								
Hobbys, Sport								
Sorties (cinéma, etc...)								

TOTAL

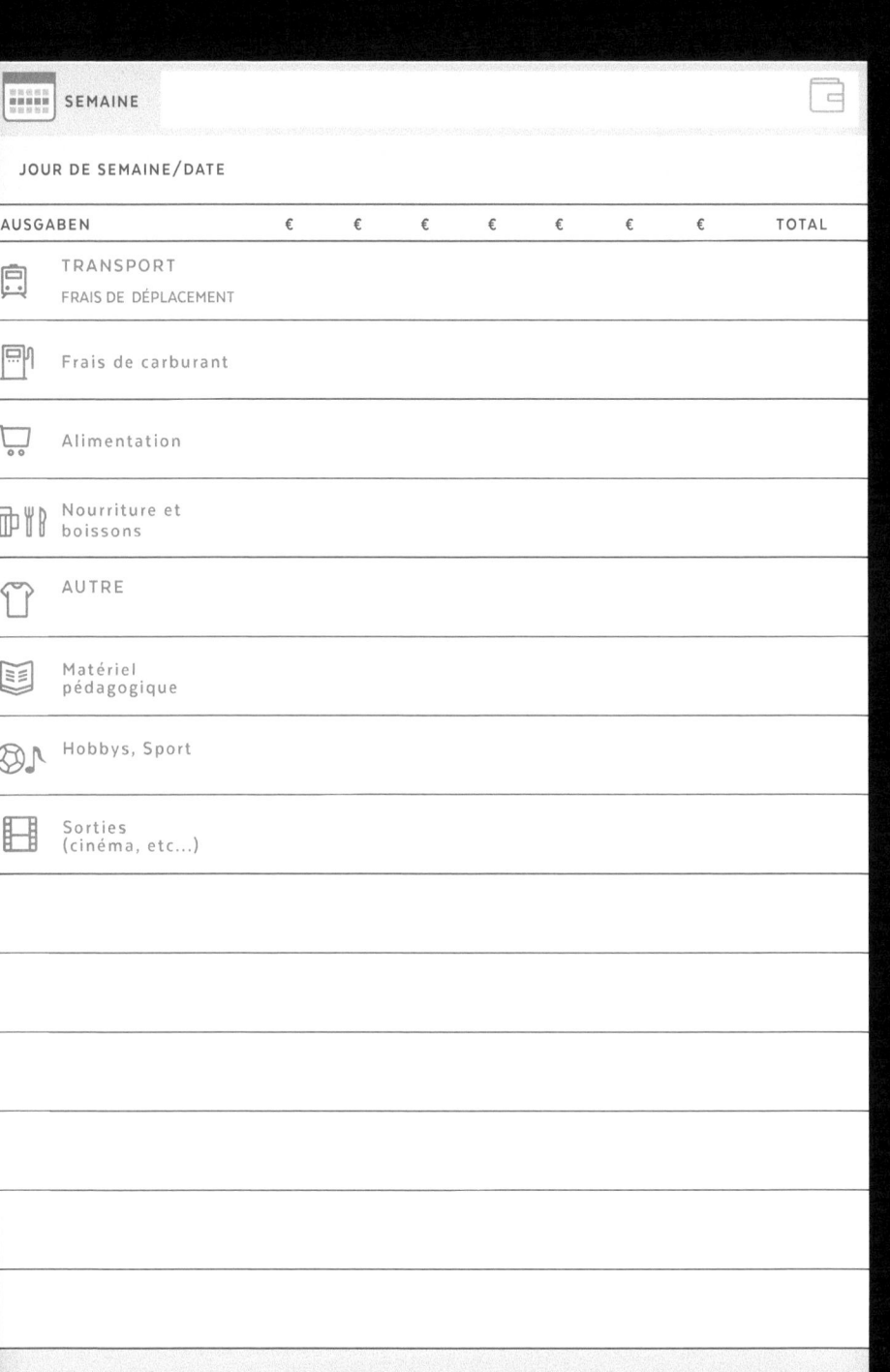

SEMAINE									

JOUR DE SEMAINE/DATE

AUSGABEN	€	€	€	€	€	€	€	TOTAL
TRANSPORT FRAIS DE DÉPLACEMENT								
Frais de carburant								
Alimentation								
Nourriture et boissons								
AUTRE								
Matériel pédagogique								
Hobbys, Sport								
Sorties (cinéma, etc...)								
TOTAL								

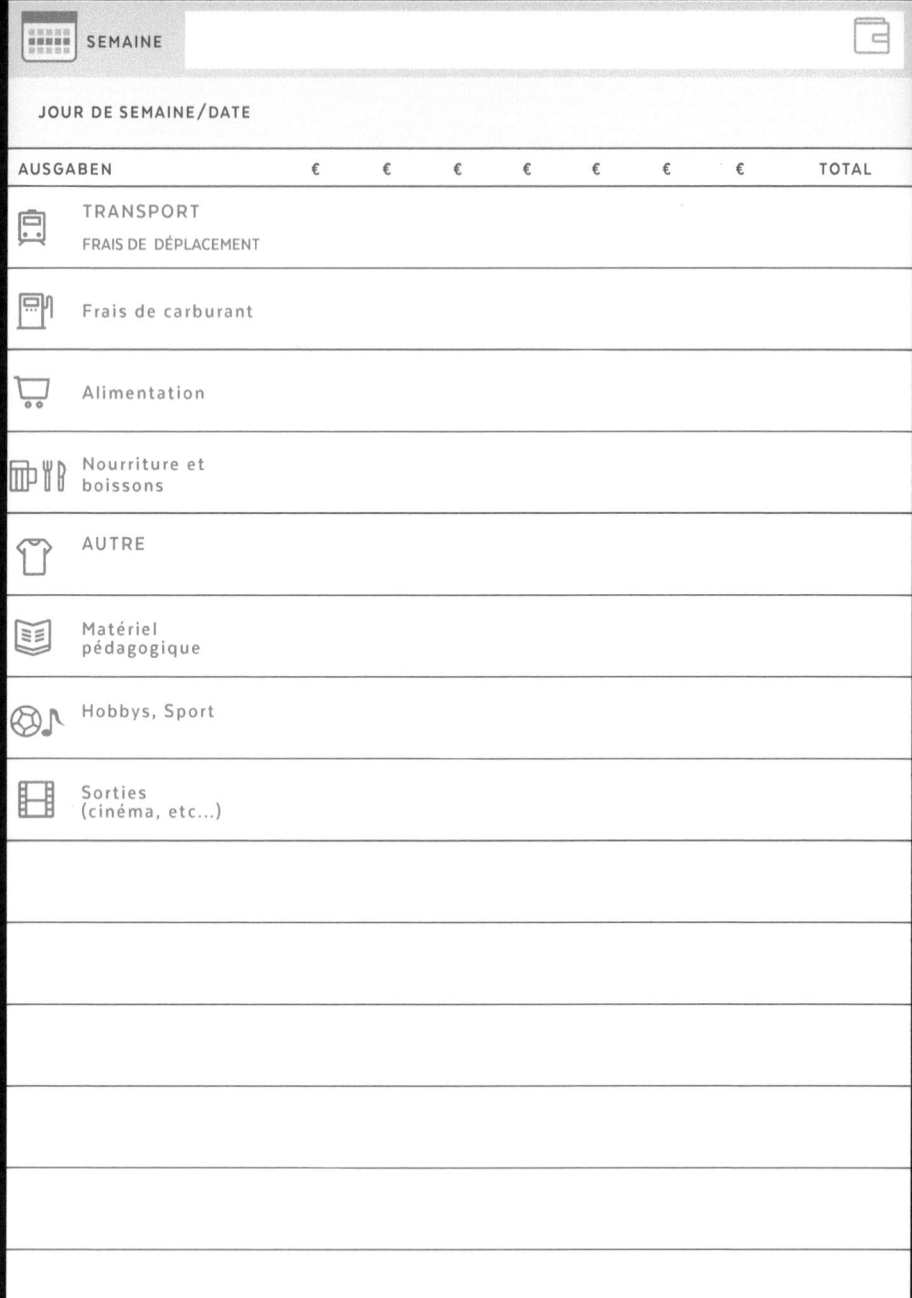

AUSGABEN	€	€	€	€	€	€	€	TOTAL
TRANSPORT FRAIS DE DÉPLACEMENT								
Frais de carburant								
Alimentation								
Nourriture et boissons								
AUTRE								
Matériel pédagogique								
Hobbys, Sport								
Sorties (cinéma, etc...)								
TOTAL								

SEMAINE

JOUR DE SEMAINE/DATE

	SEMAINE								

JOUR DE SEMAINE/DATE

AUSGABEN	€	€	€	€	€	€	€	TOTAL
TRANSPORT FRAIS DE DÉPLACEMENT								
Frais de carburant								
Alimentation								
Nourriture et boissons								
AUTRE								
Matériel pédagogique								
Hobbys, Sport								
Sorties (cinéma, etc...)								
TOTAL								

JOUR DE SEMAINE/DATE

AUSGABEN	€	€	€	€	€	€	€	TOTAL
TRANSPORT FRAIS DE DÉPLACEMENT								
Frais de carburant								
Alimentation								
Nourriture et boissons								
AUTRE								
Matériel pédagogique								
Hobbys, Sport								
Sorties (cinéma, etc...)								
TOTAL								

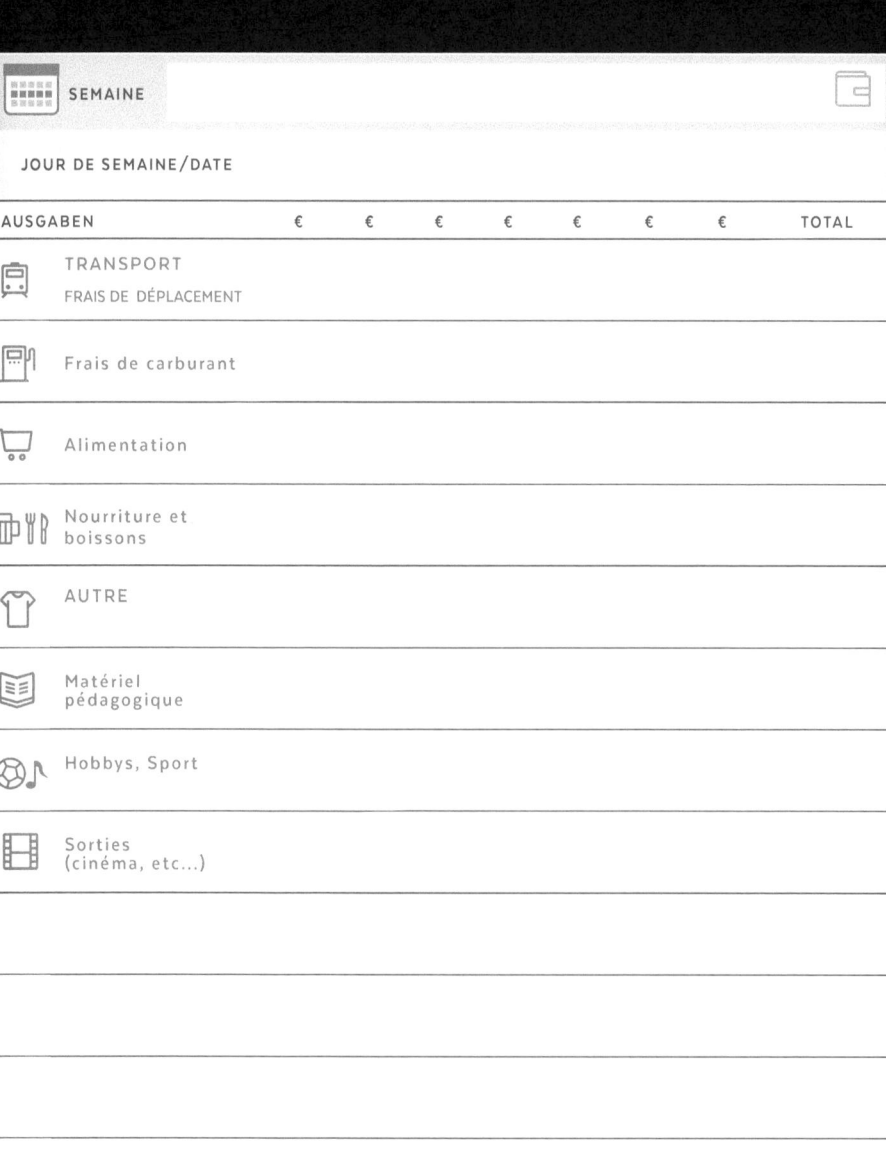

SEMAINE								
JOUR DE SEMAINE/DATE								
AUSGABEN	€	€	€	€	€	€	€	TOTAL
TRANSPORT FRAIS DE DÉPLACEMENT								
Frais de carburant								
Alimentation								
Nourriture et boissons								
AUTRE								
Matériel pédagogique								
Hobbys, Sport								
Sorties (cinéma, etc...)								
TOTAL								

JOUR DE SEMAINE/DATE

AUSGABEN	€	€	€	€	€	€	€	TOTAL
TRANSPORT FRAIS DE DÉPLACEMENT								
Frais de carburant								
Alimentation								
Nourriture et boissons								
AUTRE								
Matériel pédagogique								
Hobbys, Sport								
Sorties (cinéma, etc...)								
TOTAL								

SEMAINE								
JOUR DE SEMAINE/DATE								
AUSGABEN	€	€	€	€	€	€	€	TOTAL
TRANSPORT FRAIS DE DÉPLACEMENT								
Frais de carburant								
Alimentation								
Nourriture et boissons								
AUTRE								
Matériel pédagogique								
Hobbys, Sport								
Sorties (cinéma, etc...)								
TOTAL								

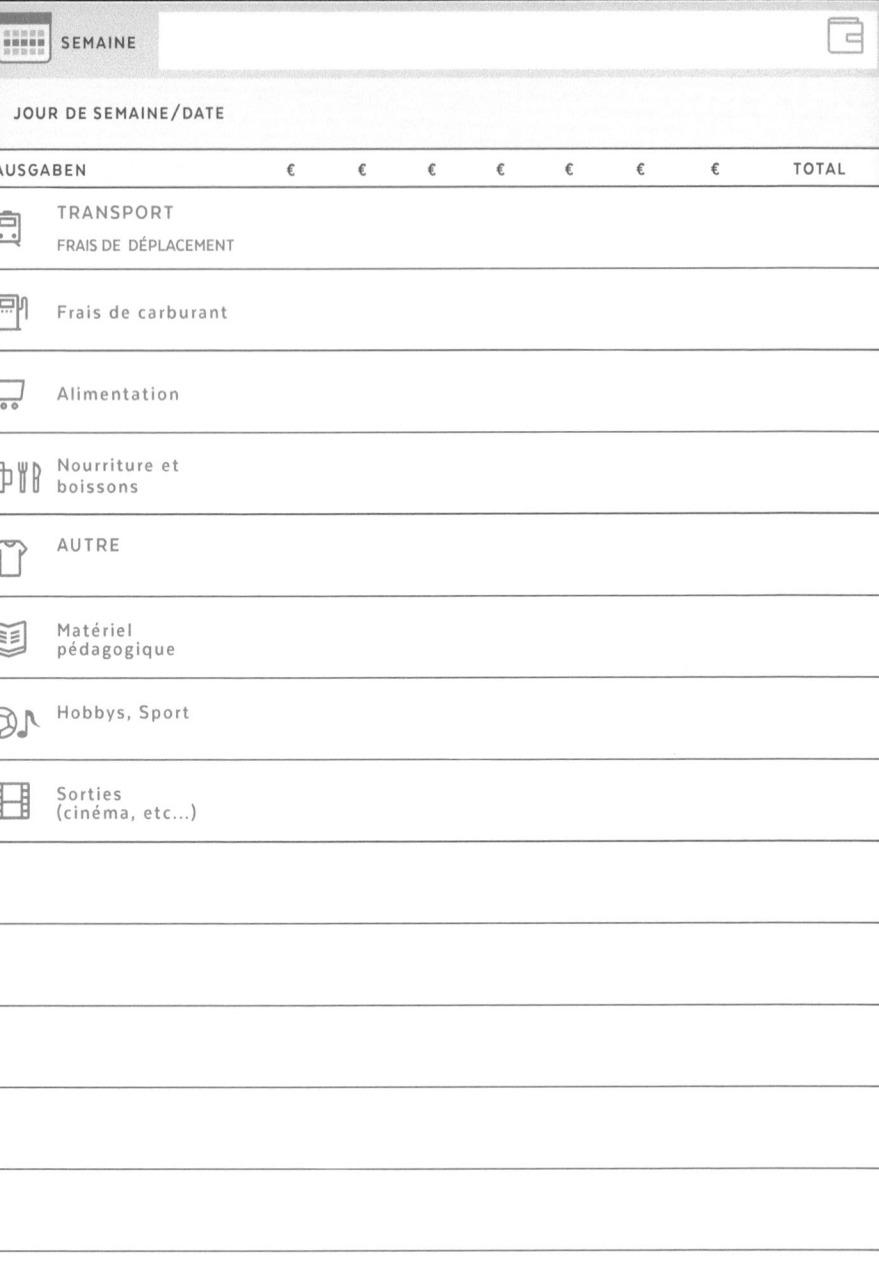

SEMAINE									

JOUR DE SEMAINE/DATE

AUSGABEN	€	€	€	€	€	€	€	TOTAL
TRANSPORT FRAIS DE DÉPLACEMENT								
Frais de carburant								
Alimentation								
Nourriture et boissons								
AUTRE								
Matériel pédagogique								
Hobbys, Sport								
Sorties (cinéma, etc...)								
TOTAL								

JOUR DE SEMAINE/DATE

AUSGABEN	€	€	€	€	€	€	€	TOTAL
TRANSPORT FRAIS DE DÉPLACEMENT								
Frais de carburant								
Alimentation								
Nourriture et boissons								
AUTRE								
Matériel pédagogique								
Hobbys, Sport								
Sorties (cinéma, etc...)								
TOTAL								

JOUR DE SEMAINE/DATE

AUSGABEN	€	€	€	€	€	€	€	TOTAL
TRANSPORT FRAIS DE DÉPLACEMENT								
Frais de carburant								
Alimentation								
Nourriture et boissons								
AUTRE								
Matériel pédagogique								
Hobbys, Sport								
Sorties (cinéma, etc...)								
TOTAL								

SEMAINE								
JOUR DE SEMAINE/DATE								
AUSGABEN	€	€	€	€	€	€	€	TOTAL
TRANSPORT FRAIS DE DÉPLACEMENT								
Frais de carburant								
Alimentation								
Nourriture et boissons								
AUTRE								
Matériel pédagogique								
Hobbys, Sport								
Sorties (cinéma, etc...)								
TOTAL								

JOUR DE SEMAINE/DATE

AUSGABEN	€	€	€	€	€	€	€	TOTAL
TRANSPORT FRAIS DE DÉPLACEMENT								
Frais de carburant								
Alimentation								
Nourriture et boissons								
AUTRE								
Matériel pédagogique								
Hobbys, Sport								
Sorties (cinéma, etc...)								
TOTAL								

SEMAINE									

JOUR DE SEMAINE/DATE

AUSGABEN	€	€	€	€	€	€	€	TOTAL
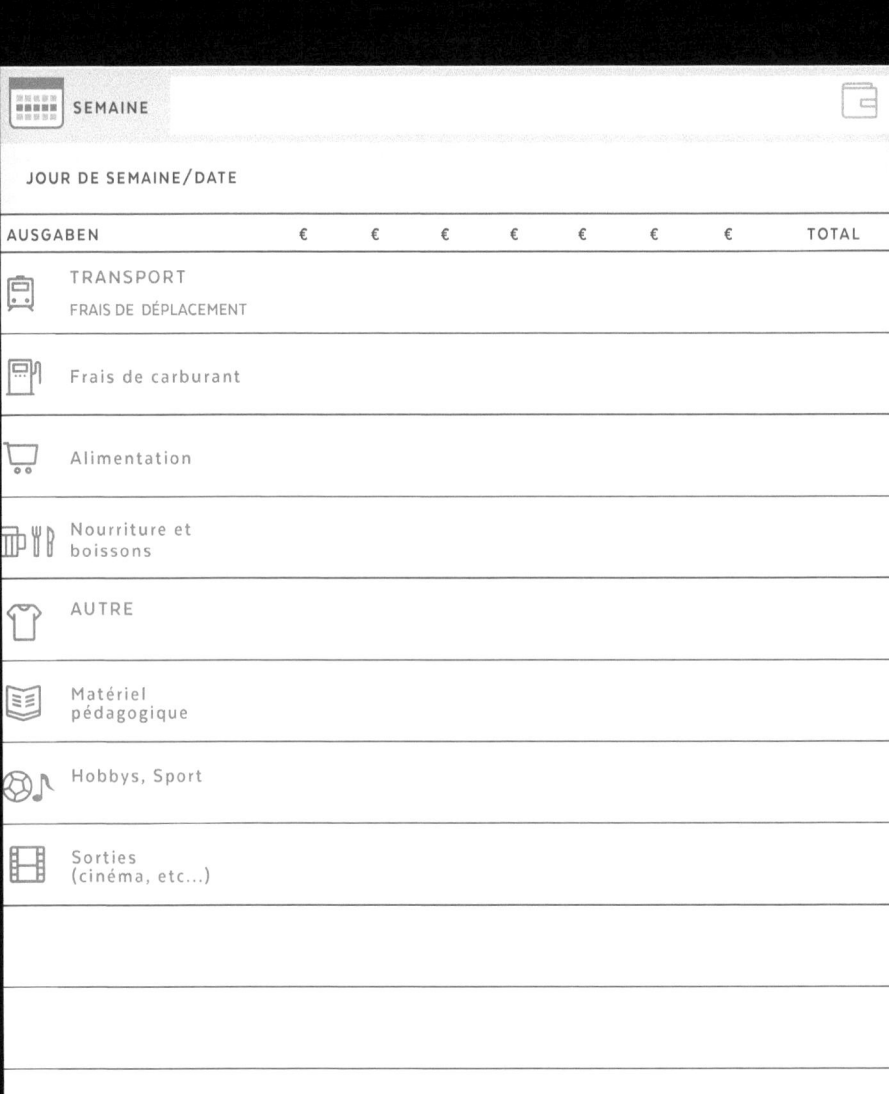 TRANSPORT FRAIS DE DÉPLACEMENT								
Frais de carburant								
Alimentation								
Nourriture et boissons								
AUTRE								
Matériel pédagogique								
Hobbys, Sport								
Sorties (cinéma, etc...)								
TOTAL								

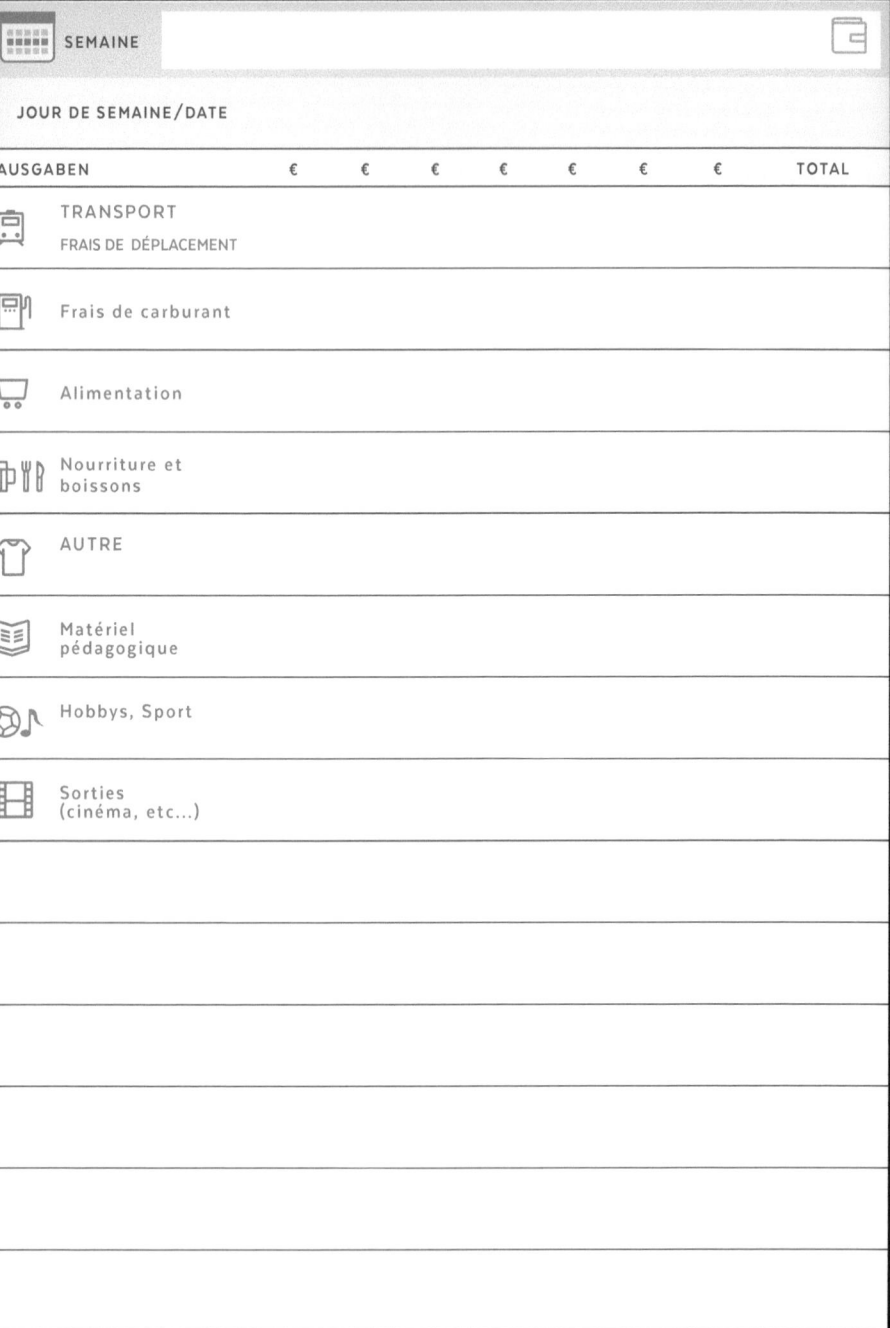

SEMAINE										
JOUR DE SEMAINE/DATE										
AUSGABEN	€	€	€	€	€	€	€	€	TOTAL	
TRANSPORT FRAIS DE DÉPLACEMENT										
Frais de carburant										
Alimentation										
Nourriture et boissons										
AUTRE										
Matériel pédagogique										
Hobbys, Sport										
Sorties (cinéma, etc...)										
TOTAL										

SEMAINE								
JOUR DE SEMAINE/DATE								
AUSGABEN	€	€	€	€	€	€	€	TOTAL
TRANSPORT FRAIS DE DÉPLACEMENT								
Frais de carburant								
Alimentation								
Nourriture et boissons								
AUTRE								
Matériel pédagogique								
Hobbys, Sport								
Sorties (cinéma, etc...)								
TOTAL								

JOUR DE SEMAINE/DATE

AUSGABEN	€	€	€	€	€	€	€	TOTAL
TRANSPORT FRAIS DE DÉPLACEMENT								
Frais de carburant								
Alimentation								
Nourriture et boissons								
AUTRE								
Matériel pédagogique								
Hobbys, Sport								
Sorties (cinéma, etc...)								
TOTAL								

SEMAINE								

JOUR DE SEMAINE/DATE								

AUSGABEN	€	€	€	€	€	€	€	TOTAL
TRANSPORT FRAIS DE DÉPLACEMENT								
Frais de carburant								
Alimentation								
Nourriture et boissons								
AUTRE								
Matériel pédagogique								
Hobbys, Sport								
Sorties (cinéma, etc...)								
TOTAL								

JOUR DE SEMAINE/DATE

AUSGABEN	€	€	€	€	€	€	€	TOTAL
TRANSPORT FRAIS DE DÉPLACEMENT								
Frais de carburant								
Alimentation								
Nourriture et boissons								
AUTRE								
Matériel pédagogique								
Hobbys, Sport								
Sorties (cinéma, etc...)								

TOTAL

SEMAINE								
JOUR DE SEMAINE/DATE								
AUSGABEN	€	€	€	€	€	€	€	TOTAL
TRANSPORT FRAIS DE DÉPLACEMENT								
Frais de carburant								
Alimentation								
Nourriture et boissons								
AUTRE								
Matériel pédagogique								
Hobbys, Sport								
Sorties (cinéma, etc...)								
TOTAL								

SEMAINE										
JOUR DE SEMAINE/DATE										
AUSGABEN	€	€	€	€	€	€	€	€		TOTAL
🚆 TRANSPORT FRAIS DE DÉPLACEMENT										
⛽ Frais de carburant										
🛒 Alimentation										
🍺🍴 Nourriture et boissons										
👕 AUTRE										
📖 Matériel pédagogique										
⚽🎵 Hobbys, Sport										
🎞 Sorties (cinéma, etc...)										
TOTAL										

JOUR DE SEMAINE/DATE

AUSGABEN	€	€	€	€	€	€	€	TOTAL
TRANSPORT FRAIS DE DÉPLACEMENT								
Frais de carburant								
Alimentation								
Nourriture et boissons								
AUTRE								
Matériel pédagogique								
Hobbys, Sport								
Sorties (cinéma, etc...)								
TOTAL								

JOUR DE SEMAINE/DATE									
AUSGABEN	€	€	€	€	€	€	€	TOTAL	
TRANSPORT FRAIS DE DÉPLACEMENT									
Frais de carburant									
Alimentation									
Nourriture et boissons									
AUTRE									
Matériel pédagogique									
Hobbys, Sport									
Sorties (cinéma, etc...)									
TOTAL									

SEMAINE									
JOUR DE SEMAINE/DATE									
AUSGABEN	€	€	€	€	€	€	€	TOTAL	
TRANSPORT FRAIS DE DÉPLACEMENT									
Frais de carburant									
Alimentation									
Nourriture et boissons									
AUTRE									
Matériel pédagogique									
Hobbys, Sport									
Sorties (cinéma, etc...)									
TOTAL									

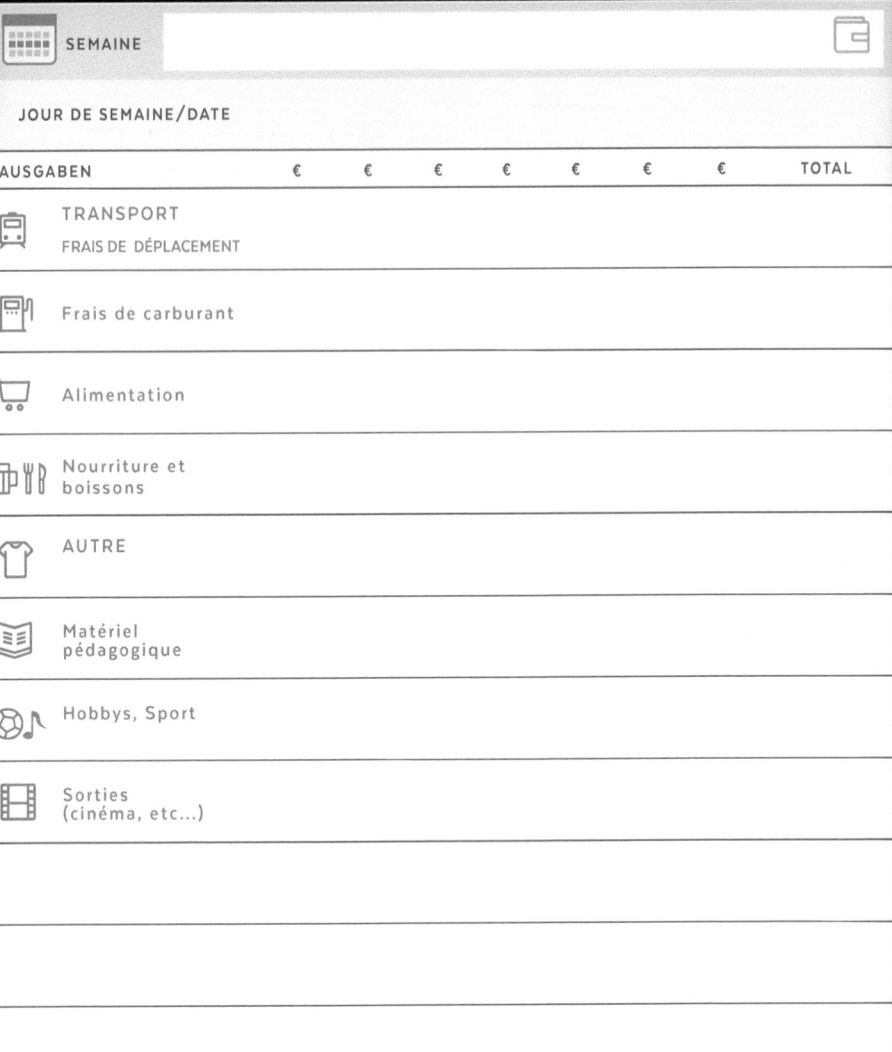

SEMAINE									

JOUR DE SEMAINE/DATE

AUSGABEN	€	€	€	€	€	€	€	TOTAL
TRANSPORT FRAIS DE DÉPLACEMENT								
Frais de carburant								
Alimentation								
Nourriture et boissons								
AUTRE								
Matériel pédagogique								
Hobbys, Sport								
Sorties (cinéma, etc...)								
TOTAL								

SEMAINE									

JOUR DE SEMAINE/DATE

AUSGABEN	€	€	€	€	€	€	€	TOTAL
TRANSPORT FRAIS DE DÉPLACEMENT								
Frais de carburant								
Alimentation								
Nourriture et boissons								
AUTRE								
Matériel pédagogique								
Hobbys, Sport								
Sorties (cinéma, etc...)								
TOTAL								

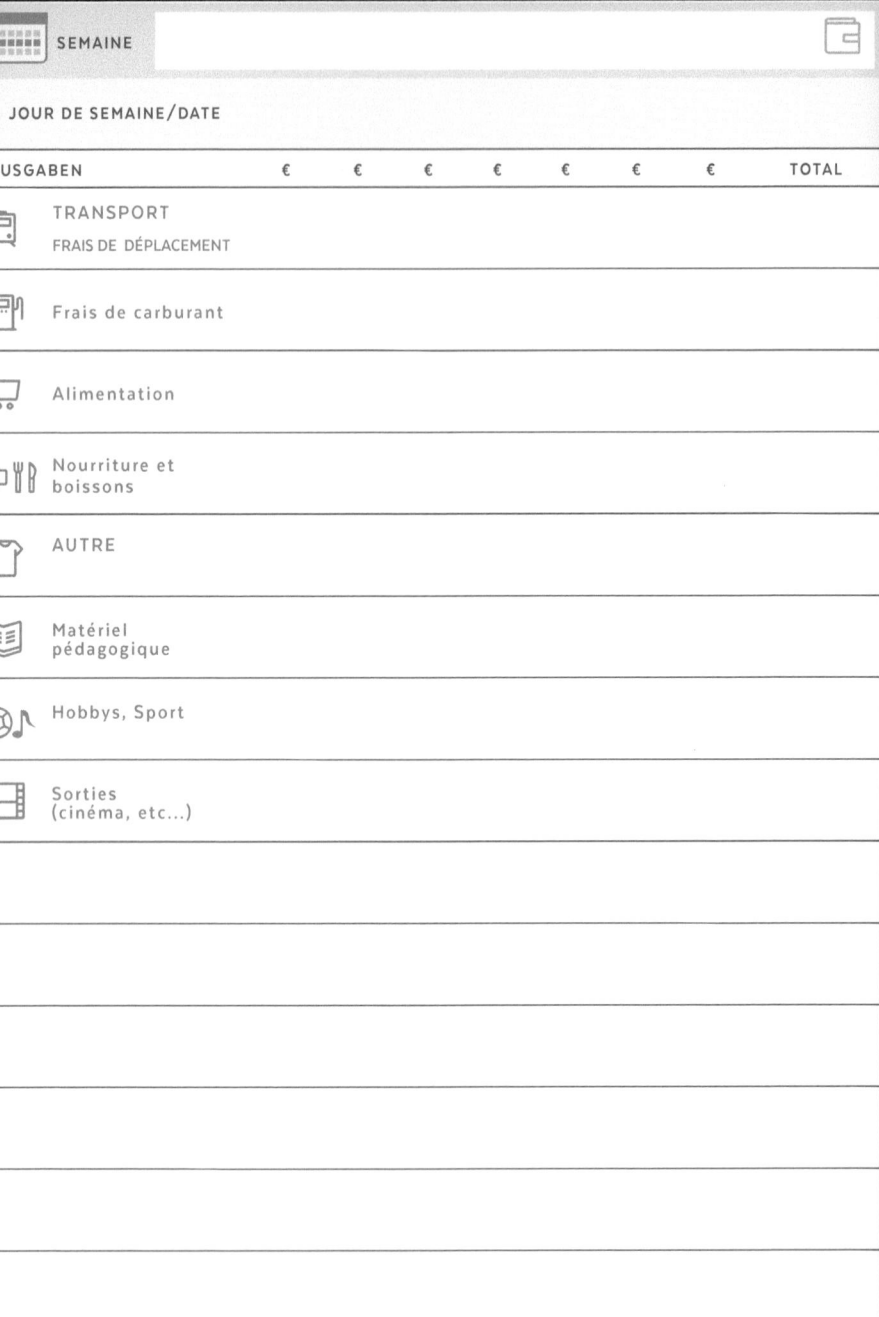

SEMAINE									
JOUR DE SEMAINE/DATE									
AUSGABEN	€	€	€	€	€	€	€	TOTAL	
TRANSPORT FRAIS DE DÉPLACEMENT									
Frais de carburant									
Alimentation									
Nourriture et boissons									
AUTRE									
Matériel pédagogique									
Hobbys, Sport									
Sorties (cinéma, etc...)									
TOTAL									

	SEMAINE								
JOUR DE SEMAINE/DATE									
AUSGABEN	€	€	€	€	€	€	€		TOTAL
 TRANSPORT FRAIS DE DÉPLACEMENT									
Frais de carburant									
Alimentation									
Nourriture et boissons									
AUTRE									
Matériel pédagogique									
Hobbys, Sport									
Sorties (cinéma, etc...)									
TOTAL									

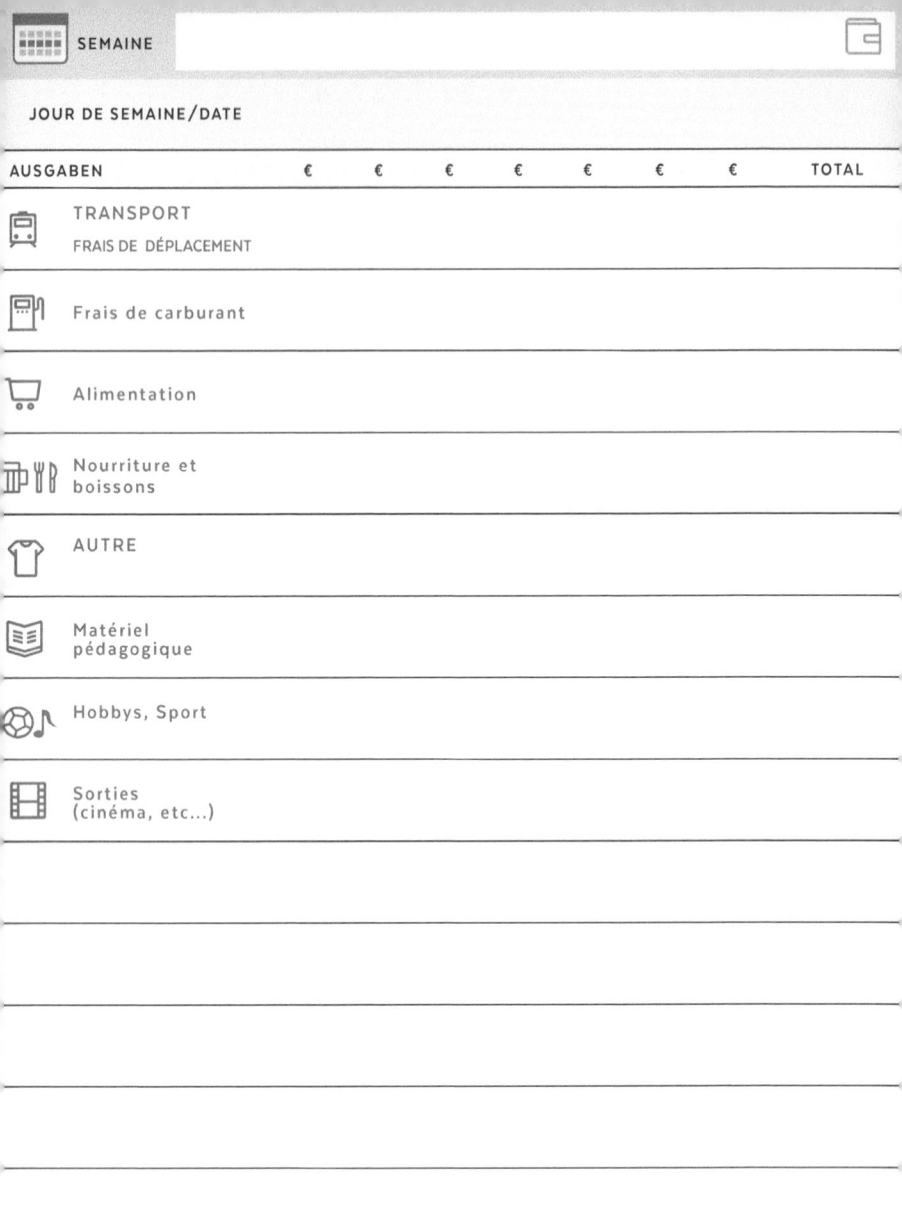

SEMAINE								

JOUR DE SEMAINE/DATE

AUSGABEN	€	€	€	€	€	€	€	TOTAL
TRANSPORT FRAIS DE DÉPLACEMENT								
Frais de carburant								
Alimentation								
Nourriture et boissons								
AUTRE								
Matériel pédagogique								
Hobbys, Sport								
Sorties (cinéma, etc...)								
TOTAL								

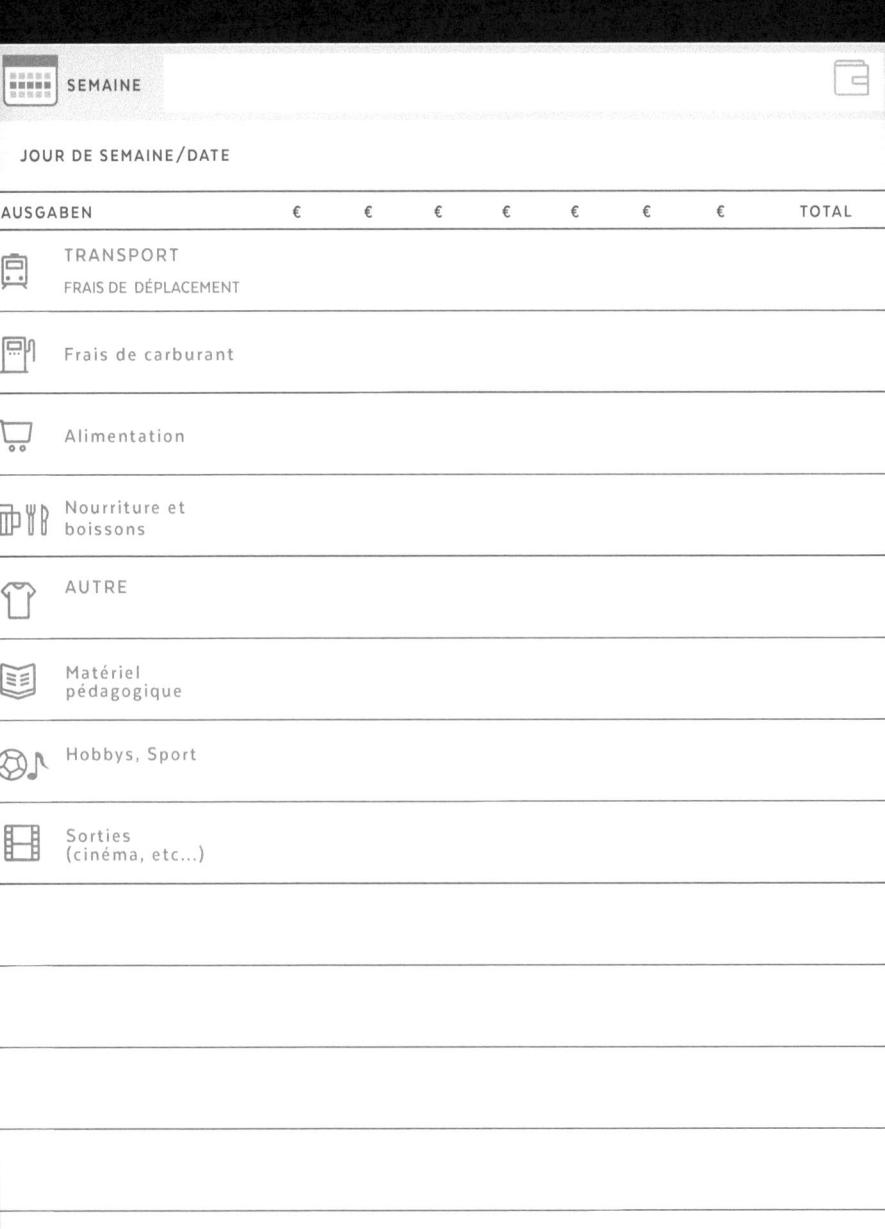

SEMAINE								
JOUR DE SEMAINE/DATE								
AUSGABEN	€	€	€	€	€	€	€	TOTAL
TRANSPORT FRAIS DE DÉPLACEMENT								
Frais de carburant								
Alimentation								
Nourriture et boissons								
AUTRE								
Matériel pédagogique								
Hobbys, Sport								
Sorties (cinéma, etc...)								
TOTAL								

| SEMAINE | | | | | | | | |

JOUR DE SEMAINE/DATE

AUSGABEN	€	€	€	€	€	€	€	TOTAL
TRANSPORT FRAIS DE DÉPLACEMENT								
Frais de carburant								
Alimentation								
Nourriture et boissons								
AUTRE								
Matériel pédagogique								
Hobbys, Sport								
Sorties (cinéma, etc...)								
TOTAL								

| SEMAINE | | | | | | | | |

JOUR DE SEMAINE/DATE

AUSGABEN	€	€	€	€	€	€	€	TOTAL
TRANSPORT FRAIS DE DÉPLACEMENT								
Frais de carburant								
Alimentation								
Nourriture et boissons								
AUTRE								
Matériel pédagogique								
Hobbys, Sport								
Sorties (cinéma, etc...)								
TOTAL								

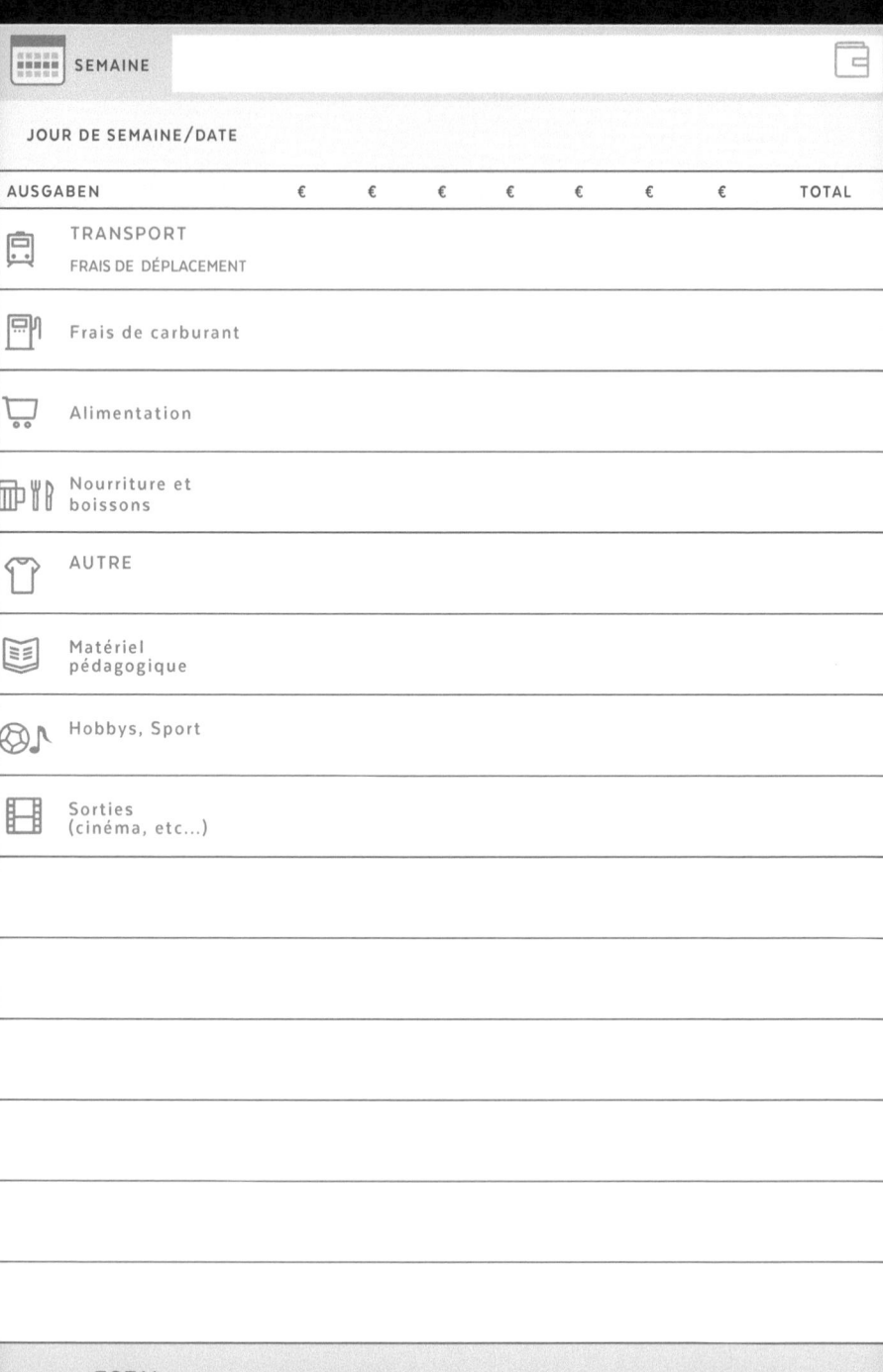

AUSGABEN		€	€	€	€	€	€	€	TOTAL
TRANSPORT FRAIS DE DÉPLACEMENT										
Frais de carburant										
Alimentation										
Nourriture et boissons										
AUTRE										
Matériel pédagogique										
Hobbys, Sport										
Sorties (cinéma, etc...)										
TOTAL										

SEMAINE

JOUR DE SEMAINE/DATE

SEMAINE								
JOUR DE SEMAINE/DATE								
AUSGABEN	€	€	€	€	€	€	€	TOTAL
TRANSPORT FRAIS DE DÉPLACEMENT								
Frais de carburant								
Alimentation								
Nourriture et boissons								
AUTRE								
Matériel pédagogique								
Hobbys, Sport								
Sorties (cinéma, etc...)								
TOTAL								

SEMAINE								

JOUR DE SEMAINE/DATE

AUSGABEN	€	€	€	€	€	€	€	TOTAL
TRANSPORT FRAIS DE DÉPLACEMENT								
Frais de carburant								
Alimentation								
Nourriture et boissons								
AUTRE								
Matériel pédagogique								
Hobbys, Sport								
Sorties (cinéma, etc...)								
TOTAL								

AUSGABEN	€	€	€	€	€	€	€	TOTAL
SEMAINE								
JOUR DE SEMAINE/DATE								
TRANSPORT FRAIS DE DÉPLACEMENT								
Frais de carburant								
Alimentation								
Nourriture et boissons								
AUTRE								
Matériel pédagogique								
Hobbys, Sport								
Sorties (cinéma, etc...)								
TOTAL								

RELEVÉ
MENSUEL

MOIS

DÉPENSES	€	DÉPENSES	€
LOYER			
FRAIS ANNEXES			
PRÊTS/PAIEMENTS ÉCHELONNÉS/ MENSUALITÉS			
ASSURANCES			
ÉCONOMIES			
FRAIS DE TÉLÉPHONE MOBILE			
FRAIS DE TÉLÉPHONE FIXE			
REDEVANCE INTERNET			
TAXE AUTOMOBILE			
FRAIS DE TRANSPORT (TRAIN-MÉTRO)			
SOINS MÉDICAUX			
COTISATION DES MEMBRES ASSOCIATION			
ABONNEMENT		TOTAL	
TOTAL		SOMME	

RELEVÉ MENSUEL

DÉPENSES	€	REVENUS/ RECETTES	€
📅 SEMAINE 1			
📅 SEMAINE 2			
📅 SEMAINE 3			
📅 SEMAINE 4			
📅 SEMAINE 5			
📅 FRAIS MENSUELS			
TOTAL			

NOTICES	TOTAL	

RELEVÉ MENSUEL

RECETTES	€
DÉPENSES	€
ÉCONOMISÉ	€

 **MOIS**

DÉPENSES	€	DÉPENSES	€
LOYER			
FRAIS ANNEXES			
PRÊTS/PAIEMENTS ÉCHELONNÉS/ MENSUALITÉS			
ASSURANCES			
ÉCONOMIES			
FRAIS DE TÉLÉPHONE MOBILE			
FRAIS DE TÉLÉPHONE FIXE			
REDEVANCE INTERNET			
TAXE AUTOMOBILE			
FRAIS DE TRANSPORT (TRAIN-MÉTRO)			
SOINS MÉDICAUX			
COTISATION DES MEMBRES ASSOCIATION			
ABONNEMENT		TOTAL	
TOTAL		SOMME	

RELEVÉ MENSUEL

DÉPENSES	€	REVENUS/ RECETTES	€
SEMAINE 1			
SEMAINE 2			
SEMAINE 3			
SEMAINE 4			
SEMAINE 5			
FRAIS MENSUELS			
TOTAL			
NOTICES			
		TOTAL	

RELEVÉ MENSUEL

RECETTES	€
DÉPENSES	€
ÉCONOMISÉ	€

 **MOIS**

DÉPENSES	€	DÉPENSES	€
🏠 LOYER			
➕ FRAIS ANNEXES			
▣ PRÊTS/PAIEMENTS ÉCHELONNÉS/ MENSUALITÉS			
📇 ASSURANCES			
🐷 ÉCONOMIES			
📱 FRAIS DE TÉLÉPHONE MOBILE			
☎ FRAIS DE TÉLÉPHONE FIXE			
🌐 REDEVANCE INTERNET			
🚗 TAXE AUTOMOBILE			
💳 FRAIS DE TRANSPORT (TRAIN-MÉTRO)			
💊 SOINS MÉDICAUX			
🛡 COTISATION DES MEMBRES ASSOCIATION			
📰 ABONNEMENT		TOTAL	
TOTAL		SOMME	

RELEVÉ MENSUEL

DÉPENSES	€	REVENUS/RECETTES	€
📅 SEMAINE 1			
📅 SEMAINE 2			
📅 SEMAINE 3			
📅 SEMAINE 4			
📅 SEMAINE 5			
📅 FRAIS MENSUELS			
TOTAL			
NOTICES			

TOTAL	

RELEVÉ MENSUEL

RECETTES	€
DÉPENSES	€
ÉCONOMISÉ	€

MOIS

DÉPENSES	€	DÉPENSES	€
LOYER			
FRAIS ANNEXES			
PRÊTS/PAIEMENTS ÉCHELONNÉS/ MENSUALITÉS			
ASSURANCES			
ÉCONOMIES			
FRAIS DE TÉLÉPHONE MOBILE			
FRAIS DE TÉLÉPHONE FIXE			
REDEVANCE INTERNET			
TAXE AUTOMOBILE			
FRAIS DE TRANSPORT (TRAIN-MÉTRO)			
SOINS MÉDICAUX			
COTISATION DES MEMBRES ASSOCIATION			
ABONNEMENT		TOTAL	
TOTAL		SOMME	

RELEVÉ MENSUEL

DÉPENSES	€	REVENUS/ RECETTES	€
📅 SEMAINE 1			
📅 SEMAINE 2			
📅 SEMAINE 3			
📅 SEMAINE 4			
📅 SEMAINE 5			
📅 FRAIS MENSUELS			
TOTAL			

NOTICES

	TOTAL	

RELEVÉ MENSUEL

RECETTES	€
DÉPENSES	€
ÉCONOMISÉ	€

 **MOIS**

DÉPENSES	€	DÉPENSES	€
🏠 LOYER			
➕ FRAIS ANNEXES			
💳 PRÊTS/PAIEMENTS ÉCHELONNÉS/ MENSUALITÉS			
📋 ASSURANCES			
🐷 ÉCONOMIES			
📱 FRAIS DE TÉLÉPHONE MOBILE			
☎ FRAIS DE TÉLÉPHONE FIXE			
🌐 REDEVANCE INTERNET			
🚗 TAXE AUTOMOBILE			
🎫 FRAIS DE TRANSPORT (TRAIN-MÉTRO)			
💊 SOINS MÉDICAUX			
🎖 COTISATION DES MEMBRES ASSOCIATION			
📇 ABONNEMENT		TOTAL	
TOTAL		SOMME	

RELEVÉ MENSUEL

DÉPENSES	€	REVENUS/ RECETTES	€
📅 SEMAINE 1			
📅 SEMAINE 2			
📅 SEMAINE 3			
📅 SEMAINE 4			
📅 SEMAINE 5			
📅 FRAIS MENSUELS			
TOTAL			
NOTICES			
		TOTAL	
		RELEVÉ MENSUEL	
		RECETTES	€
		DÉPENSES	€
		ÉCONOMISÉ	€

 **MOIS**

DÉPENSES	€	DÉPENSES	€
 LOYER			
FRAIS ANNEXES			
PRÊTS/PAIEMENTS ÉCHELONNÉS/ MENSUALITÉS			
ASSURANCES			
ÉCONOMIES			
FRAIS DE TÉLÉPHONE MOBILE			
FRAIS DE TÉLÉPHONE FIXE			
REDEVANCE INTERNET			
TAXE AUTOMOBILE			
FRAIS DE TRANSPORT (TRAIN-MÉTRO)			
SOINS MÉDICAUX			
COTISATION DES MEMBRES ASSOCIATION			
ABONNEMENT		TOTAL	
TOTAL		SOMME	

RELEVÉ MENSUEL

DÉPENSES	€	REVENUS/RECETTES	€
📅 SEMAINE 1			
📅 SEMAINE 2			
📅 SEMAINE 3			
📅 SEMAINE 4			
📅 SEMAINE 5			
📅 FRAIS MENSUELS			
TOTAL			
NOTICES			
		TOTAL	

RELEVÉ MENSUEL

RECETTES	€
DÉPENSES	€
ÉCONOMISÉ	€

MOIS

DÉPENSES	€	DÉPENSES	€
LOYER			
FRAIS ANNEXES			
PRÊTS/PAIEMENTS ÉCHELONNÉS/ MENSUALITÉS			
ASSURANCES			
ÉCONOMIES			
FRAIS DE TÉLÉPHONE MOBILE			
FRAIS DE TÉLÉPHONE FIXE			
REDEVANCE INTERNET			
TAXE AUTOMOBILE			
FRAIS DE TRANSPORT (TRAIN-MÉTRO)			
SOINS MÉDICAUX			
COTISATION DES MEMBRES ASSOCIATION			
ABONNEMENT		TOTAL	
TOTAL		SOMME	

RELEVÉ MENSUEL

DÉPENSES	€	REVENUS/ RECETTES	€
SEMAINE 1			
SEMAINE 2			
SEMAINE 3			
SEMAINE 4			
SEMAINE 5			
FRAIS MENSUELS			
TOTAL			

NOTICES

	TOTAL	

RELEVÉ MENSUEL

RECETTES	€	
DÉPENSES	€	
ÉCONOMISÉ	€	

MOIS

DÉPENSES	€	DÉPENSES	€
⌂ LOYER			
✛ FRAIS ANNEXES			
▣ PRÊTS/PAIEMENTS ÉCHELONNÉS/ MENSUALITÉS			
▤ ASSURANCES			
◉ ÉCONOMIES			
▯ FRAIS DE TÉLÉPHONE MOBILE			
▦ FRAIS DE TÉLÉPHONE FIXE			
⊕ REDEVANCE INTERNET			
⊟ TAXE AUTOMOBILE			
▭ FRAIS DE TRANSPORT (TRAIN-MÉTRO)			
◌ SOINS MÉDICAUX			
▣ COTISATION DES MEMBRES ASSOCIATION			
▥ ABONNEMENT		TOTAL	
TOTAL		SOMME	

RELEVÉ MENSUEL

DÉPENSES	€	REVENUS/ RECETTES	€
📅 SEMAINE 1			
📅 SEMAINE 2			
📅 SEMAINE 3			
📅 SEMAINE 4			
📅 SEMAINE 5			
📅 FRAIS MENSUELS			
TOTAL			
NOTICES			
		TOTAL	

RELEVÉ MENSUEL

RECETTES	€
DÉPENSES	€
ÉCONOMISÉ	€

 **MOIS**

	DÉPENSES	€	DÉPENSES	€
	LOYER			
	FRAIS ANNEXES			
	PRÊTS/PAIEMENTS ÉCHELONNÉS/ MENSUALITÉS			
	ASSURANCES			
	ÉCONOMIES			
	FRAIS DE TÉLÉPHONE MOBILE			
	FRAIS DE TÉLÉPHONE FIXE			
	REDEVANCE INTERNET			
	TAXE AUTOMOBILE			
	FRAIS DE TRANSPORT (TRAIN-MÉTRO)			
	SOINS MÉDICAUX			
	COTISATION DES MEMBRES ASSOCIATION			
	ABONNEMENT		TOTAL	
	TOTAL		SOMME	

RELEVÉ MENSUEL

DÉPENSES	€	REVENUS/ RECETTES	€
SEMAINE 1			
SEMAINE 2			
SEMAINE 3			
SEMAINE 4			
SEMAINE 5			
FRAIS MENSUELS			
TOTAL			
NOTICES			
		TOTAL	

RELEVÉ MENSUEL

RECETTES	€	
DÉPENSES	€	
ÉCONOMISÉ	€	

MOIS

DÉPENSES	€	DÉPENSES	€
LOYER			
FRAIS ANNEXES			
PRÊTS/PAIEMENTS ÉCHELONNÉS/ MENSUALITÉS			
ASSURANCES			
ÉCONOMIES			
FRAIS DE TÉLÉPHONE MOBILE			
FRAIS DE TÉLÉPHONE FIXE			
REDEVANCE INTERNET			
TAXE AUTOMOBILE			
FRAIS DE TRANSPORT (TRAIN-MÉTRO)			
SOINS MÉDICAUX			
COTISATION DES MEMBRES ASSOCIATION			
ABONNEMENT		TOTAL	
TOTAL		SOMME	

RELEVÉ MENSUEL

DÉPENSES	€	REVENUS/RECETTES	€
📅 SEMAINE 1			
📅 SEMAINE 2			
📅 SEMAINE 3			
📅 SEMAINE 4			
📅 SEMAINE 5			
📅 FRAIS MENSUELS			
TOTAL			
NOTICES			
		TOTAL	
		RELEVÉ MENSUEL	
		RECETTES	€
		DÉPENSES	€
		ÉCONOMISÉ	€

 **MOIS**

DÉPENSES	€	DÉPENSES	€
LOYER			
FRAIS ANNEXES			
PRÊTS/PAIEMENTS ÉCHELONNÉS/ MENSUALITÉS			
ASSURANCES			
ÉCONOMIES			
FRAIS DE TÉLÉPHONE MOBILE			
FRAIS DE TÉLÉPHONE FIXE			
REDEVANCE INTERNET			
TAXE AUTOMOBILE			
FRAIS DE TRANSPORT (TRAIN-MÉTRO)			
SOINS MÉDICAUX			
COTISATION DES MEMBRES ASSOCIATION			
ABONNEMENT		TOTAL	
TOTAL		SOMME	

RELEVÉ MENSUEL

DÉPENSES	€	REVENUS/ RECETTES	€
📅 SEMAINE 1			
📅 SEMAINE 2			
📅 SEMAINE 3			
📅 SEMAINE 4			
📅 SEMAINE 5			
📅 FRAIS MENSUELS			
TOTAL			
NOTICES			
		TOTAL	
		RELEVÉ MENSUEL	
		RECETTES	€
		DÉPENSES	€
		ÉCONOMISÉ	€

 **MOIS**

DÉPENSES	€	DÉPENSES	€
 LOYER			
FRAIS ANNEXES			
PRÊTS/PAIEMENTS ÉCHELONNÉS/ MENSUALITÉS			
ASSURANCES			
ÉCONOMIES			
FRAIS DE TÉLÉPHONE MOBILE			
FRAIS DE TÉLÉPHONE FIXE			
REDEVANCE INTERNET			
TAXE AUTOMOBILE			
FRAIS DE TRANSPORT (TRAIN-MÉTRO)			
SOINS MÉDICAUX			
COTISATION DES MEMBRES ASSOCIATION			
ABONNEMENT		TOTAL	
TOTAL		SOMME	

RELEVÉ MENSUEL

DÉPENSES	€	REVENUS/ RECETTES	€
📅 SEMAINE 1			
📅 SEMAINE 2			
📅 SEMAINE 3			
📅 SEMAINE 4			
📅 SEMAINE 5			
📅 FRAIS MENSUELS			
TOTAL			

NOTICES			
		TOTAL	

RELEVÉ MENSUEL

RECETTES	€
DÉPENSES	€
ÉCONOMISÉ	€

NOTES

Impressum

Feedback:
feedback@mertens-publication.de

Edition : Books on Demand,
12/14 rond-Point des Champs-Elysées, 75008 Paris
Impression : BoD - Books on Demand, Norderstedt, Allemagne
ISBN :
9782322126934

Mertens Ventures Ltd.
Tefkrou Anthia No 2 Office 301
6045 Larnaca
Zypern
E-Mail: kontakt@mertens-publication.de

Dépôt légal : juillet 2019